Las Canciones de
JOAN SEBASTIAN

ISBN 0-634-05452-X

HAL•LEONARD®
CORPORATION
7777 W. BLUEMOUND RD. P.O. BOX 13819 MILWAUKEE, WI 53213

In Australia Contact:
Hal Leonard Australia Pty. Ltd.
22 Taunton Drive   P.O. Box 5130
Cheltenham East, 3192   Victoria, Australia
Email: ausadmin@halleonard.com

Visit Hal Leonard Online at
www.halleonard.com

LA BIOGRAFÍA

A Joan Sebastian lo llaman "el poeta del pueblo," que sería la descripción más apropiada para este humilde cantante y compositor que es tan admirado en Latinoamérica como en su país natal: México. Es la razón por la cual en los últimos 30 años, este barítono cantante meloso de México ha logrado escribir una gran cantidad de canciones de amor clásicas, que han llegado a ser famosas por sus honestas y románticas letras, pegajosas melodías y estribillos imposibles de olvidar. Un artista muy carismático que se ha ganado su distinción cantando y realizando maniobras equinas y trucos en "jaripeos," o rodeos, Joan es una super estrella incondicional, cuya subestimada y sencilla conducta es admirada tanto por sus fans tanto mujeres como hombres.

Una influencia tan fuerte que viene de un compositor, puede ser tal vez medida a través de la cantidad de canciones originales que fueron grabadas por otros cantantes, así entonces Joan, quien firmó con la apreciada editora mexicana Edimusa hace casi 30 años, puede estar incluido en el panteón de grandes compositores en el mundo de la música de habla hispana. Docenas de memorables canciones de Joan han sido grabadas por grandes voces rancheras incluyendo a Vicente Fernández,

Antonio Aguilar y su hijo Pepe. Divas del bolero como Rocío Dúrcal y Lucero también han grabado canciones de Joan, junto con la leal Banda Machos y el hijo de Joan, José Manuel Figueroa, un gran cantante y compositor con talento propio.

El amplio encanto de Joan es la razón por la que muchas de sus canciones han sido grabadas hasta por artistas caribeños. Entre ellos son la super estrella del merengue Olga Tañón; el veterano de la salsa Tommy Olivencia; el dúo de bachata Junior y Jorge; y la nueva estrella del merengue Angelito Villalona. De hecho, Villalona logró su primer gran éxito con una galopante interpretación de un merengue de Joan del exitoso sencillo del año 2000: "Secreto De Amor."

El propio Joan ha logrado una impresionante trayectoria como artista de la prominente mexicana Discos Musart. Desde 1986, colocó 21 éxitos latinos en el chart de los sencillos Hot Latin Tracks de la revista *Billboard* en Estados Unidos. Cuatro de estos éxitos alcanzaron el Top 10 de Hot Latin Tracks, incluyendo *"Secreto De Amor"* (el sencillo de Joan que ha conseguido la posición más alta durante su carrera, alcanzando el puesto No. 3 en el Hot Latin Tracks), "Manantial De Llanto," "Oiga" (un duo con Prisma) y "Maracas" (un duo con Alberto Vásquez). El CD *Secreto De Amor* de Joan del año 2000 vendió más de 1 millón de copias, su disco más vendido hasta la fecha. Un año más tarde, su álbum *En Vivo Desde La Plaza El Progreso De Guadalajara* encabezó el chart de Top Latin Albums de *Billboard* por tres semanas consecutivas.

Aunque Joan ha disfrutado de una próspera carrera por más de 30 años, aún a sus 51 años de edad, continúa cosechando nuevos logros cada día. En febrero del 2001, Joan recibió el prestigioso galardón de "Premio Lo Nuestro A La Música Latina," de Univisión en reconocimiento a los méritos acumulados por el artista a lo largo de su carrera. En mayo de ese año, Joan ganó en el *Billboard* Latin Music Awards cuando *Secreto De Amor* triunfó como Album Mexicano Regional Del Año, Masculino. Seis meses más tarde, Joan se ubicó en el sexto lugar entre todos los músicos profesionales del año 2001 de la edición 2001 Year In Music de la revista *Billboard*. Su disco en vivo del 2001 *En Vivo Desde La Plaza El Progreso De Guadalajara* fue nombrado Critic's Choice CD por *Billboard*.

Joan continuó escalando nuevas alturas en el 2002. En marzo, en el 10mo anual El Premio ASCAP, Joan compartió los honores de Cantautor Del Año con el legendario compositor Omar Alfanno. Tres meses más tarde, fue nombrado el mejor cantautor del Music Publishing Spotlight anual de *Billboard*. En septiembre, Joan obtuvo una estatuilla del Grammy Latino en la categoría de Mejor Album Grupero para su 33ro CD, *Lo Dijo El Corazón*. En octubre, Joan ganó dos reconocimientos en El Premio De La Gente Ritmo Latino Awards 2002 por Artista Mexicano Regional del Año por segunda vez consecutiva y otro premio por Compositor Del Año. Como si eso fuera poco, la reconocida compañía discográfica Disa Records lanzó un nuevo CD tributo a Joan titulado *Súper Grupos Interpretan A Joan Sebastian*. Los temas más sobresalientes de Sebastian en esta producción de Disa, fueron: Samuray ("Contigo O Sin Tí"), Luis y Julián ("Bandido De Amores") y El Poder Del Norte ("Llorar").

La grandiosa prosperidad de Joan como cantautor y artista es combinada con sus aptitudes artísticas. Joan ha logrado grandes éxitos radiales en muchos estilos de música mexicana, como ranchera, cumbia, norteña, banda, y huapango. Además, su sonido pop tan particular es a menudo acompañado por una guitarra resbaladiza muy familiar para los fans de la música country, por los metales del mariachi, y hasta por los ritmos del tango.

Tres de los temas de su exitoso album de banda del 2003, *Afortunado*, estuvieron dentro del Top 40 del Hot Latin Tracks, y fue reconocido con un premio Grammy al mejor album mexicano-americano, y con dos premios Grammy Latinos al mejor album de banda y mejor canción regional mexicana. El disco de sus mejores hits, *Colección De Oro*, que salió a la venta en Julio del 2003, fue el último CD de grandes éxitos que Joan produjo después de un largo camino de exitosas ventas de CDs de este tipo.

En 2003, Joan fue nuevamente reconocido como Compositor del Año por los undécimos premios anuales El Premio ASCAP. José Manuel, el hijo de Joan, actuó en tributo a su padre en la ceremonia de estos premios, donde cantó muchos de los éxitos de su padre, incluyendo "Llorar," "Tatuajes" y "Secreto De Amor."

Aparte de sus importantes logros como cantautor, Joan encontró tiempo para convertirse en estrella de telenovela. En 1996, protagonizó en "Tú Y Yo," novela que fue un gran éxito televisivo. Joan lanzó un CD de la telenovela el cual incluía el éxito "Caricatura." En el año 2002, la popularidad de "Tú Y Yo" fue reafirmada cuando Univisión retransmitió la telenovela.

Al igual que muchos otros exitosos cantautores de México, la aspiración de Joan comenzó temprano en su vida, a solo 8 años de edad, cuando empezó a escribir poesías creciendo en Juliantla, un pueblo pastoral en el estado de Guerrero en la costa pacífica de México. En un encuentro oportuno en un resort en el estado mexicano central de Morelos, la famosa actriz y cantante Angélica María le sugirió a Joan que fuera a México, DF a probar suerte. Allí, él cambió más adelante su nombre de José Manuel Figueroa a Joan Sebastian, y grabó algunos éxitos musicales sin poder saltar al estrellato. Eventualmente, Discos Musart contrató a Joan en los años 70. Cuando su disco debut *Camino Del Amor* se convirtió en un gran éxito, el futuro artista se encontraba vendiendo coches en Chicago.

La carrera de Joan no se ha detenido desde entonces.

Felizmente, luego de una larga batalla contra el cancer, Joan esta de regreso llevando las riendas como un vaquero idolatrado por sus fans, "El Rey Del Jaripeo." Siempre un artista muy trabajador, Joan continua tocando ante multitudes que lo adoran. Pero a pesar de su grandioso éxito, Joan no se ha alejado de sus raíces. Posee un rancho en Cuernavaca, donde cría ganado y continúa creando preciosas y románticas anécdotas con las cuales todos se pueden identificar. Uno no esperaría nada más ni nada menos de "el poeta del pueblo."

BIOGRAPHY

Joan Sebastian is called "el poeta del pueblo," or "the people's poet," which is a most apt description of this down-to-earth singer/songwriter who is as much revered in Latin America as in his native Mexico. For the past thirty years, this smooth-singing baritone has earned his distinctive sobriquet by composing numerous classic love songs that seethe with straightforward, passionate lyrics, infectious melodies, and catchy, sing-along choruses. A charismatic entertainer who earned his musical spurs by singing while performing equine maneuvers and tricks at "jaripeos," or rodeos, Joan has become an undisputed superstar whose understated, down-to-earth demeanor is much admired by his ardent fans, both male and female.

If a songwriter's enduring influence can perhaps be best measured by how many of that writer's songs have been recorded by other artists, then Joan, who has been signed to esteemed Mexican publisher Edimusa for nearly thirty years, has to be included in the pantheon of great composers in the Spanish-speaking music world. Dozens of Latino recording notables have covered many of Joan's songs—among them a trio of ranchero titans: Vicente Fernández, Antonio Aguilar and his son Pepe. Pop divas Rocío Dúrcal and Lucero have cut Joan's songs as well, along with banda stalwarts Banda Machos and Joan's son José Manuel Figueroa, a talented singer/songwriter in his own right.

Underscoring Joan's broad appeal is the fact that many of his songs have been recorded by salsa, bachata, and merengue artists from the Caribbean—a highly musical region that, nonetheless, is hardly recognized as a hotbed of Mexican music. Among the Caribbean stars who have cut songs authored by Joan are merengue idol Olga Tañón, salsa veteran Tommy Olivencia, bachata duo Junior y Jorge and merengue upstart Angelito Villalona. In fact, Villalona landed his first big hit with a galloping merengue rendition of Joan's own 2000 smash, "Secreto De Amor."

Joan himself boasts an impressive track record as a recording star for Mexico's venerable record label Discos Musart. Since 1986, he has notched twenty-one hits on Hot Latin Tracks, *Billboard* magazine's highly regarded Latin radio chart. Among Joan's four Top 10 Hot Latin Tracks gems are the aforementioned "Secreto De Amor" (his highest-charting single, which peaked at #3 on Hot Latin Tracks chart), "Manantial De Llanto," "Oiga" (a duet with Prisma) and "Maracas" (a duet with Alberto Vásquez). Joan's 2000 CD *Secreto De Amor* rang up sales in excess of one million units—his best-selling CD to date. One year later Joan spent three weeks astride *Billboard's* Top Latin Albums retail sales chart with *En Vivo Desde La Plaza El Progreso De Guadalajara*.

Though he had enjoyed a prosperous thirty-year recording career, Joan found himself, at age 51, reaching more milestones than ever. In February 2001, Joan received a lifetime achievement award at Univisión's prestigious "Premio Lo Nuestro" Awards. In May of that year, Joan won at *Billboard's* Latin Music Awards when *Secreto De Amor* triumphed as Regional Mexican Album Of The Year, Male. Six months later, he ranked sixth among all recording artists in *Billboard's* 2001 Year In Music issue. His 2001 live disc *En Vivo Desde La Plaza El Progreso De Guadalajara* was named as a Critic's Choice CD by *Billboard*.

Joan continued to scale new heights in 2002. In March, at the 10th annual El Premio ASCAP Awards, Joan shared Songwriter Of The Year honors with legendary tunesmith Omar Alfanno. Three months later, he was named the top songwriter in *Billboard's* annual Music Publishing Spotlight. In September, Joan garnered a Latin Grammy statuette in the Best Grupero Album category for his 33rd CD, *Lo Dijo El Corazón*. In October, Joan won two trophies at El Premio De La Gente Ritmo Latino Awards 2002 for Regional Mexican Artist Of The Year and Composer Of The Year. He won a Regional Mexican Artist Of The Year trophy at the 2001 edition of that

awards ceremony—whose winners are determined, in part, by customers of the giant, independent U.S. Latin retail chain, Ritmo Latino. As if that were not enough, prominent Mexican imprint Disa Records released a tribute CD to Joan titled *Súper Grupos Interpretan A Joan Sebastian*. Among the top Disa acts performing Sebastian evergreens on this 2002 release were Samuray ("Contigo O Sin Tí"), Luis y Julián ("Bandido De Amores") and El Poder Del Norte ("Llorar").

Joan's lofty prosperity as a songwriter and recording artist is matched by his artistic versatility. Joan has notched radio hits in many Mexican musical idioms, including ranchera, cumbia, norteña, banda and huapango. In addition, his distinct pop sound is often flavored with a slide guitar familiar to fans of country music, mariachi horn arrangements, and even tango.

Joan's 2003 hit banda CD *Afortunado* yielded three Top 40 hits on Hot Latin Tracks, while garnering one Grammy award for best Mexican-American album and two Latin Grammy awards for best banda album and best regional Mexican song. A greatest hits set, *Colección De Oro* (released in July 2003), was Joan's latest in a long line of best-selling compilation CDs of his classic hits.

While *Afortunado* was earning Grammy trophies, Joan was again named Songwriter Of The Year for the second consecutive year at the 11th annual El Premio ASCAP Awards. Joan's son José Manuel performed a tribute to his father at the star-studded awards show by singing many of his hits, including "Llorar," "Tatuajes" and "Secreto De Amor."

Apart from the considerable feats he achieved as a singer/songwriter, Joan found time to become a star in a novela, or soap opera. In 1996, he starred in "Tú Y Yo" which became a hit novela. Joan put out a titular CD of the novela that spawned the spry norteña favorite "Caricatura." In 2002, the popularity of "Tú Y Yo" was reaffirmed when U.S. Spanish television network Univisión rebroadcast the novela.

As with many prominent singer/songwriters from Mexico, Joan's aspirations to be a composer began early in life when he starting writing poetry as an 8-year-old growing up in Juliantla, a pastoral pueblo in Mexico's Pacific state of Guerrero. A chance encounter with Angélica María at a resort in the central Mexican state of Morelos led to a suggestion by the singer/ actress star that Joan go to Mexico City to try his luck. There, he later changed his name from José Manuel Figueroa to Joan Sebastian and recorded some hit singles, but he was unable to get his career on track. Discos Musart eventually signed Joan in the mid '70s. When his label debut *Camino Del Amor* caught fire, the aspiring recording artist was making a living in Chicago as a car salesman.

Joan's career has not stalled since.

Happily, after a long battle with cancer, Joan is back in the saddle once more as a singing cowboy beloved by his fans as "El Rey De Jaripeo." Always a hard-working performer, Joan continues to play before adoring, sellout crowds. But for all of his success, Joan has remained close to his rustic beginnings. He owns a ranch in Cuernavaca where he raises cattle and continues to compose extraordinary lovestruck anecdotes which are embraced by ordinary music fans. One would expect nothing less from "el poeta del pueblo."

AMORCITO MÍO

Words and Music by
JOAN SEBASTIAN

A - mor - ci - to
A - mor - ci - to

mí - o,   mí - o tan de a - den - tro,   mí - o tan en se - cre-
mí - o,   mí - o tan del al - ma,   mí - o tan es - con - di-

BANDIDO DE AMORES

Words and Music by
JOAN SEBASTIAN

En - tre las hem - bras her - mo - sas, se ga - nó su a -
No i - ma - gi - na - ba mi a - mi - go, que por e - sa

po - do el ban - di - do de a - mor - es. _____
hem - bra per - die - ra la vi - da. _____

Y cuan - do el ban - di - do lle - ga -
Y cuan - do el ban - di - do bai - la -

- ba, la ban - da to - ca - ba
- ba, la ban - da to - ca - ba

CARICATURA

Words and Music by
JOAN SEBASTIAN

Es i-re-me-dia - ble, te per-dí

y ca-ri-ca - tu-ra me vol - ví.

CASCADITA DE TE QUIEROS

Words and Music by
JOAN SEBASTIAN

EL PEOR DE TUS ANTOJOS

Words and Music by
JOAN SEBASTIAN

Con tu_a - mor y mi_a - mor vi - vi -

rás. _____ Con tu_a -

mor y mi_a - mor vi - vi - re - mos. _____

Es - tás cie - ga pe - ro_un día ve -

26

CONTIGO O SIN TÍ

Words and Music by
JOAN SEBASTIAN

Pa - ra que, ___
sé, ___

pa - ra que llo - rar ___ un rí - o, si tu cor - a - zón ___ no es
yo lo sé que al des - pe - dir - me, o - tra vez haz de ___ de -

EL PRIMER TONTO

Words and Music by
JOAN SEBASTIAN

GRACIAS POR TANTO AMOR

Words and Music by
JOAN SEBASTIAN

Ya cal-
Te ga-

ma - dos   tus e - no - jos, ____   ya pa - ga - dos   mis e -
né con   mis ver - da - des, ____   te per - dí por   mis men -

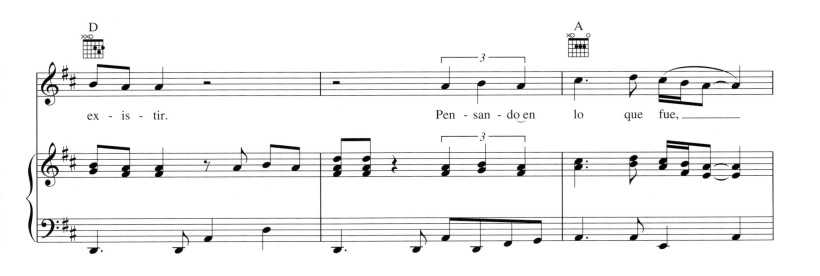

ex - is - tir.
Pen - san - do en lo que fue,

pue - do vi - vir.

pue - do mo - rir.

molto rit.

LLORAR

Words and Music by
JOAN SEBASTIAN

MARACAS

Words and Music by
JOAN SEBASTIAN

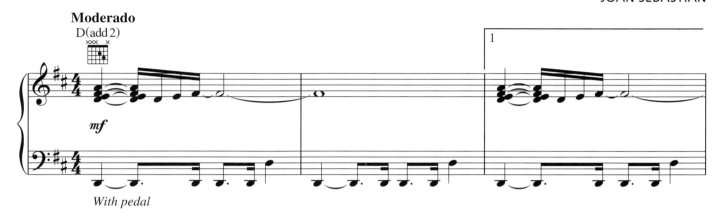

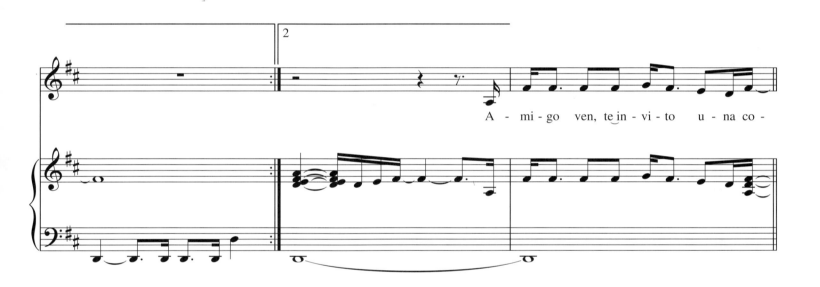

A - mi - go ven, te in - vi - to u - na co -

- pa. ____ No to - mas, bien, _ te in - vi - to un __ ca - fé, _

que quie-ro re-cor-dar la é-po-ca lo-

-ca ___ de a-yer cuan-do te-ní — mos die-ci-séis. ___

___ Bien, di-me que ha ___ pa-sa-do con ___ tu es-po-

-sa. ___ Se-gu-ro te ___ de-jó ___ por ser in-fiel. _

LOBO DOMESTICADO

Words and Music by
JOAN SEBASTIAN

Te han di-cho___ de mí mí

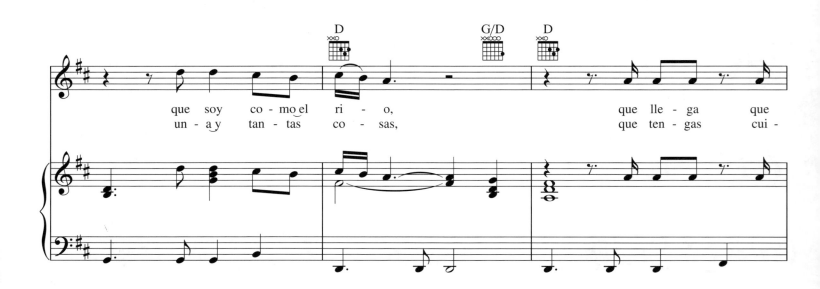

que soy co-mo el ri - o, que lle - ga que
un - a y tan - tas co - sas, que ten - gas cui -

MANANTIAL DE LLANTO

Words and Music by
JOAN SEBASTIAN

MASCARADA

Words and Music by
JOAN SEBASTIAN

- ca · · · · · · · · pa - ra na - da.

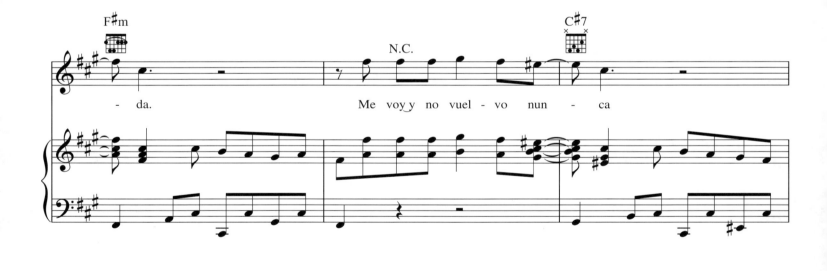

Es el fi - nal de u - na · · · · · mas - ca - ra -

- da. · · · Me voy y no vuel - vo nun - ca

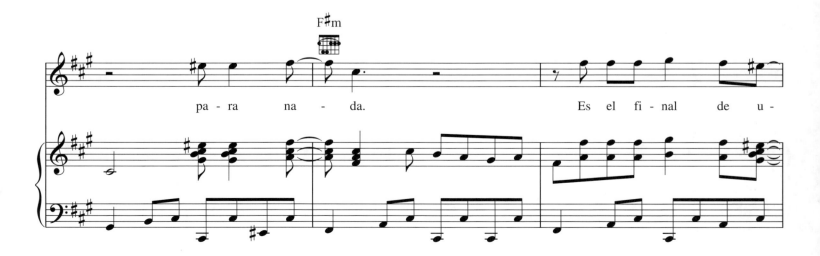

pa - ra na - da. · · · · Es el fi - nal de u -

na

mas - ca - ra - da.

OIGA

Words and Music by
JOAN SEBASTIAN

Él: Oi - ga en su mi - ra - da se no - ta, que en su cor - a - zón___ hoy va - can - te. No, no es que yo se - a a - di - vi - no, su mi-

ra - da es trans - par - en - te.

Ella: Oi - ga si cam - bia - mos de te - ma, no si - ga por Dios se lo

rue - go. La ver - dad me mue - ro de frí - o, pe - ro

ten - go mie - do al fue - go. _____ *Él:* ¿Por

71

MORIRÉ ESPERANDO

Words and Music by
JOAN SEBASTIAN

Moderado rápido

U - nos

U - nos

RAZONES DE MUJER

Words and Music by
JOAN SEBASTIAN

clu - yes __ a mí. _____
que __ te fa - lle. _____

Yo sé __ tam - bién lo que quie - ro. ___ Yo sé __ tam -
Di - le __ tam - bién que llo - ran - do, ___ me fui __ per -

bién lo que quie - ro ___ tam - bién, sé que __ lo per - dí. _____
dón im - plo - ran - do y __ que has - ta la muer - te te a - mé. _____

Sa - bes __ muy bien que me
Ahí te __ que - das con tu or -

SECRETO DE AMOR

Words and Music by
JOAN SEBASTIAN

Te voy a cam - biar el nom - bre, pa - ra guar - dar el se -
cre - to, por - que te a - mo y me a - mas
y a al - guien de - be - mos re - spe - to. Te voy a cam - biar el

Te lla - mes co - mo te lla - mes
pa - ra mí tú e - res la

glo - ria.

(E - res se - cre - to de a - mor.   E - res se - cre - to de a - mor.

E - res se - cre - to de a - mor.)   Se - cre - to.

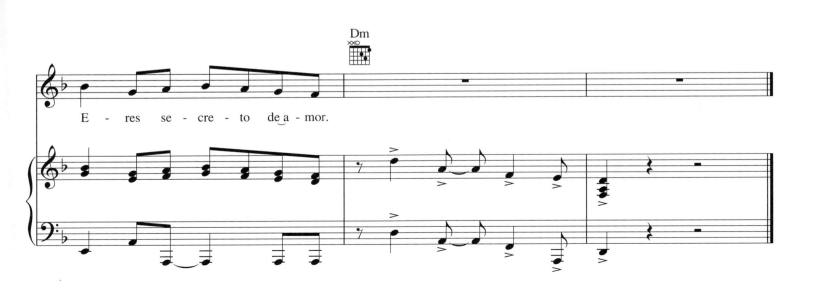

E - res se - cre - to de a - mor.

RECUÉRDAME BONITO

Words and Music by
JOAN SEBASTIAN

Pa - ra que en - cuen - tres__ la fe - li - ci -
Pa - ra que en - cuen - tres__ la fe - li - ci -

dad,
dad,

voy a sa - lir - me de __ tu
e - sa que no ha - llas - te __ con -

SI HUBIERA SABIDO AYER

Words and Music by
JOAN SEBASTIAN

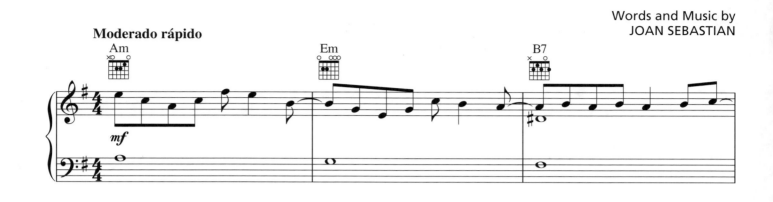

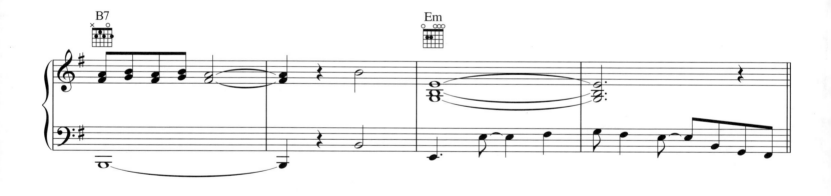

Si hu - bie - ra sa - bi - do a - yer,_____ que un dí - a i - bas a lle - gar,__
Si hu - bie - ra sa - bi - do a - yer_____ que te i - ba a co - no - cer,__

TATUAJES

Words and Music by
JOAN SEBASTIAN

TÚ Y YO

Words and Music by
JOAN SEBASTIAN

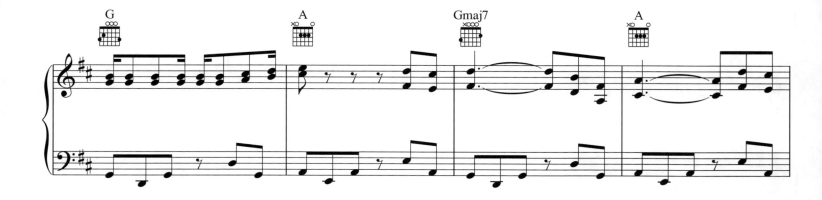

Él:
Dos
Me

pie - dras que ro - dan - do ni so - ña - ban en cho - car, dos pie - dras del ca - mi - no di - fe -
(D.S.) gus - ta en buen ca - ba - llo, con el vien - to ca - bal - gar, pre - fie - ro la co - mo - di - dad de un

Ella:

Él:
ren - tes. Dos al - mas que al reu - nir - se, no pu - di - e - ron más que a - mar, a -
co - che. Bus - ca - mos nues - tros sue - ños y de - se - os em - pa - tar, y

Ella:

mar con - tra ma - re a, con - tra co - rrien - te. Yo a - mo al cam - po a - mo mi li - ber -
so - mos co - mo el dí - a, co - mo la no - che. Me gus - ta ser sen - ci - llo y na - tu -

UN IDIOTA

Words and Music by
JOAN SEBASTIAN

VEINTICINCO ROSAS

Words and Music by
JOAN SEBASTIAN

Yo,
Si,

el úl - ti - mo de to - dos tus a -
te se bien o - cu - pa - da con ___ tus

112